EDICT DV ROY,

PORTANT CREATION

en tiltre d'Office formé de trois Receueurs particuliers hereditaires en chacun Grenier à Sel de ce Royaume:
Trois Conseillers & Receueurs Generaux & Prouinciaux hereditaires, & trois
Conseillers & Controolleurs aussi hereditaires en chacune des Generalitez y
denommees.

*Publié en la Chambre des Comptes,
& Cour des Aydes,*

A PARIS,

Par FED. MOREL, & P. METTAYER,
Imprimeurs ordinaires du Roy.

M. DC XXII.

Auec Priuilege de sa Majesté.

OVIS par la grace de Dieu, Roy de France & de Nauarre, A tous pre-
sens & à venir, Salut. Les excessiues despen-
ses que nous auons supportees és an-
nees precedentes pour maintenir noſtre authorité, & reduire nos ſub-
jets rebelles à leur deuoir, Ayant al-
teré le fonds de nos finaces, & eſtans obligez de continuer les meſmes deſ-
penſes pendant le reſte de ceſte an-
nee, pour mettre fin à vn ſi iuſte deſ-
ſein: Il nous eſt impoſſible d'y ſub-
uenir, ſans auoir recours à des moyés extraordinaires: Entre leſquels ayant eſtimé que celuy de la creation des Receueurs particuliers des Greniers à

A ij

Sel, & des Receueurs & Côtroolleurs
generaux Prouinciaux des deniers de
nos Gabelles nous seroit d'vn grand
secours, & sans surcharge à nos fi-
nances, puis qu'il se presentoit des
particuliers nos subjets, qui nous of-
froient d'augmenter la ferme generale de nosdites Gabelles, approchant
de ce que pourroit monter les gai-
ges & taxations qu'il conuenoit attri-
buer ausdits Officiers, & d'en consen-
tir l'establissement à certaines con-
ditions raisonnables & necessaires,
pour ne point incommoder les adiudicataires de ladite ferme, Nous a-
uons arresté de nous seruir en nostre-
dite necessité de ladite creation.

SÇAVOIR FAISONS, Qu'apres
auoir mis cet affaire en deliberation
en nostre Conseil d'Estat, assisté de
la Royne nostre tres-honoree Dame
& mere, des Princes de nostre Sang,

Officiers de noſtre Couronne, & autres grands & notables perſonnages,
N o v s de leur aduis, & de noſtre cer-
taine ſcience, pleine puiſſance, &
auĉtorité Royale, A v o n s par le
preſent Ediĉt perpetuel & irreuoca-
ble, Creé & erigé, Creons & erigeons
en tiltre d'Office formé, trois Receueurs Particuliers hereditaires, en
chacun de nos Greniers à Sel des Generalitez de Paris, Amyens, Soiſſons,
Chaalons, Dijon, Roüen, Caën,
Orleans, Tours, Bourges, & Moulins,
& ce qui depend de la Generalité de
Blois : Et trois nos Conſeillers & Receueurs Generaux & Prouinciaux hereditaires, en chacune deſdites Generalitez, compris celle de Blois dans
le reſſort de ladite Generalité d'Orleans: Et auſſi trois nos Conſeillers &
Controolleurs Generaux & Prouinciaux hereditaires, pour tenir le Con-

troolle de la recepte & maniement
defdits Receueurs Generaux : pour
par lefdits Receueurs Particuliers,
faire d'orefnauant & à cõmencer du
premier iour d'Octobre prochain,
la recepte de tous les deniers qui fe
leuent à prefent, & leueront cy apres
pour nous & nos fuccefleurs Roys, à
la vente & debit du Sel qui fe fera
efdits Greniers, & iceux payer aufdits
Receueurs Generaux Prouinciaux,
en vertu de leurs quittances ou refcri-
ptions au courant des quartiers, & à
mefure que ladite vente du Sel fe fera,
fans retenir autre chofe en leurs
mains, que ce qu'il appartiédra pour
les charges ordinaires de leur recepte,
& de leur rendre compte de Clerc à
Maiftre, de fix en fix mois, ou autre-
mét, & ainfi que les adiudicataires Generaux de la ferme generale de nof-
dites Gabelles le defireront. Lefquels

Receueurs Generaux Prouinciaux
payeront pareillemét tous les deniers
qui feront par eux receus defdits Receueurs Particuliers aufdits adiudicataires, au temps, & comme il leur fera
par eux mandé, à la referuation auffi
du fonds neceffaire pour le payemét
des charges ordinaires de leurs re-
ceptes, lequel ils retiendront par
leurs mains de quartier en quartier.
Seront auffi tenus lefdits Receueurs
generaux de rendre compte de Clerc
à Maiftre aufdits adiudicataires des
deniers de leurdite recepte, toutes les
fois qu'ils en feront requis, & pour ce
feront lefdits Receueurs generaux
& particuliers fubjets aux contraintes
defdits adiudicataires, Moyennant
laquelle reddition de compte, lefdits
Officiers demeureront defchargez de
rendre compte en nos Chambres des
Comptes, de la recepte & defpenfe

des deniers de leurſdites charges, tant
& ſi longuement, que nous & nos
ſucceſſeurs Roys voudront affermer
noſdits droicts & impoſitions de-
pendans de ladite Ferme. Et pour
ſeureté de leur maniement, outre
que leſdits Offices y ſeront ſpeciale-
ment affectez ſuiuant nos Ordon-
nances : Leſdits Receueurs generaux
& particuliers, bailleront chacun
caution de ce qui leur ſera par nous
ordonné en noſtre Conſeil, ayant
égard à leur maniement. Et pour
donner moyen aux pourueuz des Offices preſentement creez, de bien &
fidelement exercer leurs charges,
Nous voulons & entendons, qu'ils
ioüiſſent chacun des gages declarez
par l'eſtat arreſté en noſtre Conſeil
cy attaché, ſouz le contreſeel de noſtre Chancellerie : Et encores leſdits
Receueurs generaux & particuliers
de deux

de deux deniers tournois pour liure,
par forme de taxation en l'annee de
leur exercice, de ce que montera
leur recepte actuelle. Et afin qu'ils
ayent vn soing particulier de l'aug-
mentation des ventes, Nous auons
en outre attribué & attribuons à chacun desdits Receueurs particuliers,
tant en exercice que dehors, douze
deniers pour minot de Sel, qui se
vendra & debitera au Grenier de leur
establissement. Et à chacun desdits
Controolleurs & Receueurs generaux prouinciaux, deux deniers aussi
pour minot de tout le Sel qui se debitera és Greniers de la Generalité où
ils seront establis: Desquels droicts
lesdits Receueurs particuliers feront
la recepte, ainsi que des douze deniers
à eux attribuez, & ce qui en prouien-
dra par chacun quartier, sera par eux
deliuré ausdits Receueurs generaux,

auec les autres deniers de leur recepte
pour estre payez ausdits Controolleurs & Receueurs generaux. Lesquels
droicts reuenans à quatre sols pour
minot, Nous voulons & ordonnons
estre pris & leuez cy apres & à tousiours, à commencer du premier iour
d'Auril prochain sur chacun minot
de Sel, qui se debitera esdits Greniers,
outre & pardessus le prix qu'il se vend
à present. Et iusques à ce que lesdits
Officiers ou autres soient mis & establis en l'exercice desdits Offices, lesdits adiudicataires leur payeront ou
aux porteurs des quittances desdits
Offices de quartier en quartier, soit
en nostre ville de Paris ou ailleurs,
dans l'estendue de leur ferme, ainsi
que les particuliers le desireront, les
gages, taxations & droicts attribuez
par le present Edict ausdits Offices.
Desquels gages & taxations iceux ad-

iudicataires moyennant ledit paye-
ment demeureront pareillemēt deſ-
chargez ſur ledit prix de leur ferme.
Et pour euiter qu'il n'arriue conten-
tion & debat entre les pourueuz deſdits Offices preſentement creez, tant
à cauſe de leur exercice que ſur l'or-
dre qu'ils auront à tenir, & leurs ſucceſſeurs, lors qu'ils deſireront diſpoſer de leurs Offices, Nous voulons
que la premiere des annees que chacun d'eux aura à cōmencer ſon exercice, ſoit declaree par les Lettres de
prouiſion que nous en octroyerons,
& qu'il continue ledit exercice de
trois en trois ans, & qu'à cauſe de l'he-
redité que nous auōs annexee auſdits
Offices, que les pourueuz d'iceux les
puiſſent reſigner ou autrement en
diſpoſer, ſans pour ce payer aucune
finance en nos parties Caſuelles ny
ailleurs: Voulans que ſur leur ſimple

B ij

procuration ou demiſſion, toutes
Lettres de prouiſion ſoient expediees
au proſict des deſnommez en icelles.
Ioüiront en outre leſdits Receueurs
& Controolleurs generaux de pareils
honneurs, priuileges, preeminen-
ces, franchiſes & libertez, dont ioüiſſent les Receueurs & Controolleurs
generaux de nos fináces, & leſdits Receueurs particuliers de ceux attribuez
aux autres Officiers deſdits Greniers.

Sɪ ᴅᴏɴɴᴏɴs ᴇɴ ᴍᴀɴᴅᴇᴍᴇɴᴛ
à nos amez & feaux Conſeillers les
gens de nos Comptes, & de nos Cours
des Aydes de Paris & Roüen, & à nos
auſſi amez & feaux Conſeillers les
Preſidens & Treſoriers generaux de
France des Generalitez qu'il appartiendra, que chacun endroit ſoy &
comme à luy appartiendra, ils façent
lire, publier & regiſtrer noſtre preſent Edict, & le contenu en iceluy

deüement obseruer, sans permettre qu'il y soit contreuenu en aucune sorte & maniere que ce soit, faisant cesser tous troubles & empeschemens au contraire, nonobstant oppositions ou appellations quelsconques: Pour lesquelles & sans preiudice d'icelles ne sera differé, & dont si aucunes interuiennent, Nous auons reserué à nous & à nostredit Conseil la cognoissance, & icelle interdicte à toutes nosdites Cours & autres Iuges quelsconques. Car tel est nostre plaisir. Et afin que ce soit chose ferme & stable à tousiours, Nous auons faict mettre & apposer nostre seel à cesdites presentes, sauf en autres choses, nostre droict & l'autruy en toutes.

DONNÉ à Paris au mois de Mars, l'an de grace mil six cens vingt deux. Et de nostre regne le douziesme. Signé, Par le Roy, en son

Conseil, DE LOMENIE. Et à costé
est escrit, Visa, & seellé en cire verte
sur lacs de soye rouge & verte. Et plus
bas est escrit,

*Leu, publié & registré en la Chambre
des Comptes, ce consentant le Procureur
general du Roy, par le commandement de
sa Maiesté, porté par Monsieur le Prince
de Condé, venu exprés en ladite Chambre,
assisté des sieurs de Chasteauneuf, & Pre-
sident Jeannin, Conseillers en ses Conseils
d'Estat & Priué, le dix-neufiesme iour de
Mars, mil six cens vingt-deux.*
Signé,　　BOVRLON.

*Leu, publié & registré par le com-
mandement du Roy, porté & prononcé
par Monsieur le Comte de Soissons, venu
exprés en ladite Cour, assisté des sieurs de
Caumartin & de Champigny, Conseillers aux Conseils d'Estat de sa Majesté,*

Ouy & consentant le Procureur general:
à Paris en la Cour des Aydes, les Chambres assemblees, le dix-neufiesme iour de
Mars mil six cens vingt-deux.

Signé,   PAVLMIER.

Collationné à l'original par moy Conseiller
Secretaire du Roy.